나루진 지음

단한권의책

작가의 말

다소 지쳤던 하루의 끝자락, 한 장의 다이어리를 쓰고 꾸미면서 마무리해보는 건 어떨까요?
즐거웠던 날, 우울했던 날, 특별했던 날, 혹은 아무 일 없었던 평범한 날이라도
나만의 이야기와 함께 다이어리 곳곳을 예쁘게 꾸며 넣는다면
그 이상의 힐링은 없으리라 생각합니다.

이 책은 다이어리를 예쁘게 꾸미고자 하는 당신의 열정에 조금이라도 도움이 되도록
다양한 테마에 맞춰 다채로운 일러스트를 풍성하게 담아보았습니다.
새로운 한 해가 시작되는 1월에는 귀여운 복주머니를 그려보고,
신나는 여름에는 바닷속 친구들을, 할로윈데이에는 무섭지만 깜찍한 유령을 그려 넣어보세요!
조금씩, 쉽고 재미있게 이 책을 따라 다이어리를 예쁘게 꾸미다보면
어느새 둘도 없는 나만의 빛나는 다이어리가 완성되어 있을 것입니다.

- 나루진

차례

1월 ······ 004
2월 ······ 016
3월 ······ 028
4월 ······ 040
5월 ······ 052
6월 ······ 064
7월 ······ 076
8월 ······ 088
9월 ······ 100
10월 ······ 112
11월 ······ 124
12월 ······ 136

1월

SUN	MON	TUE
1월은 다이어리를 시작하는 멋진 달이에요! 한 해의 다짐과 소망을 가득 담아 새해를 기운차게 시작해보세요~. 기대하는 만큼 놀라운 일년이 될 거예요!		
	올해는 건강하게!!	
丑		설 연휴 시작.
	未	卯

새해 복 많이 받으세요

WED	THU	FRI	SAT
HAPPY	NEW YEAR	새해 시작! 다이어리도 시작!	
	寅		새해 복 많이 받자!!
	만두 빚고 전 부치고~ 까치 까치 설날!	우리 우리 설날	feat.세뱃돈

1 STEP

지폐
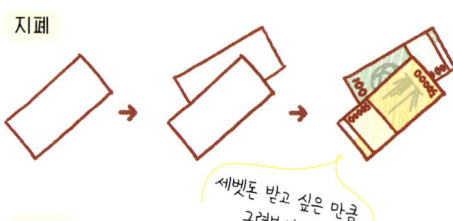
세뱃돈 받고 싶은 만큼 그려보세요~

방패연

산

팽이

청사초롱
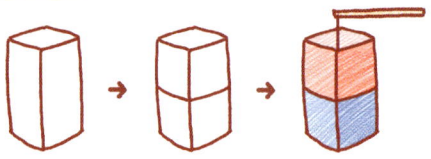

화전

산적꼬치

먹고 싶은 재료를 넣고 알록달록 색칠해볼까요?

제기

호박전

좋아하는 고명을 그려보세요~

해

2 STEP

떡국

1. 타원을 그려요.
2. 그릇과 국물을 그려요.
3. 고명을 그려요.
4. 떡국떡을 그리고 색칠해요.

까치

 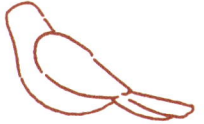  

1. 머리와 몸통을 그려요.
2. 날개와 꼬리를 그려요.
3. 눈과 부리, 다리를 그려요.
4. 날개 깃털을 그리고 색칠해요.

조바위

   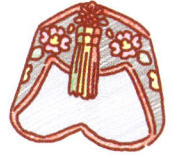

1. 중심이 되는 장식을 그려요.
2. 조바위 형태를 그려요.
3. 모자의 형태를 그리고 테두리를 그려요.
4. 조바위의 무늬를 그리고 색칠해요.

노리개

1. 끈으로 된 장식을 그려요.
2. 나비 장식을 그려요.
3. 술을 그려요.
4. 고리를 그리고 색칠해요.

3 STEP

세배하는 고양이

1 얼굴 형태를 그려요.

2 표정을 살려 눈코입을 그려요.

3 머리에 쓴 복건을 그려요.

4 복건에 줄을 그려요.

5 한복 동정과 깃을 그려요.

6 오른팔과 손을 그려요.

7 왼팔과 손, 고름을 그려요.

8 다리와 꼬리를 그리고 복건 밑부분을 그려요.

9 수염을 그리고 색칠해요.

PLUS ILLUST

올해는 어떤 동물의 해인가요?

복주머니 알록달록 복주머니를 그려보세요.

버선 예쁜 한복에 어울리는 버선을 꾸며보세요.

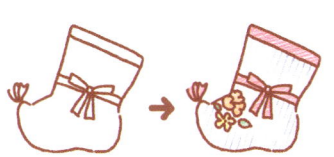

3 STEP

팽이 놀이하는 강아지

① 얼굴과 표정을 그려요.

② 조바위 술을 그려요.

③ 머리에 쓴 조바위를 그려요.

④ 꽃무늬를 그려요.

⑤ 저고리와 고름을 그려요.

⑥ 팽이채와 팽이채를 든 왼팔과 손을 그려요.

⑦ 오른팔과 손을 그려요.

⑧ 치마와 노리개를 그리고 발과 꼬리를 그려요.

⑨ 수염과 팽이를 그리고 색칠해요.

PLUS ILLUST

올 한 해도 좋은 일만 가득하기를 바라며 십이간지를 그려보세요~

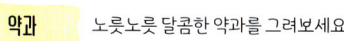

| 약과 | 노릇노릇 달콤한 약과를 그려보세요. | 배씨댕기 | 머리를 장식하는 배씨댕기를 그려보세요. |

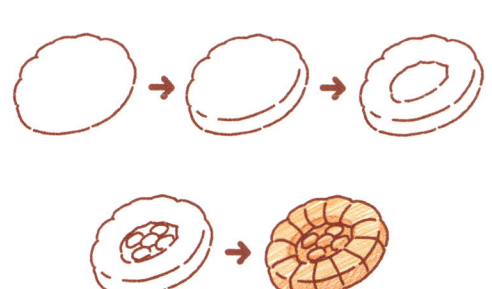

세뱃돈 받은 소녀

1 얼굴과 귀를 그려요.

2 표정을 그려요.

3 앞머리를 그려요.

4 배씨댕기와 뒷머리를 그려요.

5 저고리와 고름을 그려요.

6 오른팔과 손을 그려요.

7 복주머니와 복주머니를 든 왼팔과 손을 그려요.

8 치마와 노리개를 그려요.

9 발과 신발을 그리고 색칠해요.

4 STEP

세배하는 소녀

1 얼굴과 귀를 그려요.

2 눈코입을 그려요.

3 앞머리를 그려요.

4 배씨댕기와 뒷머리를 그려요.

5 치마 부분을 적절히 떨어뜨려 그려요.

6 저고리과 고름을 그려요.

7 세배하고 있는 양팔과 손을 그려요.

8 땋은 머리를 그리고 색칠해요.

띠 장식은 가운데를 중심으로 잡고 대칭으로 그리면 쉽게 그릴 수 있어요!

리본

물방울 초콜릿

주걱

밀가루 포대

밀대
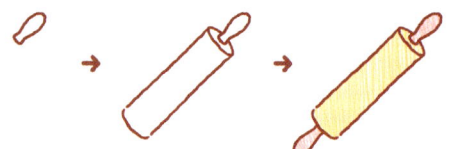

아몬드 초코볼

설탕통

초코바

좋아하는 초콜릿 패키지를 그려보세요~

기름병
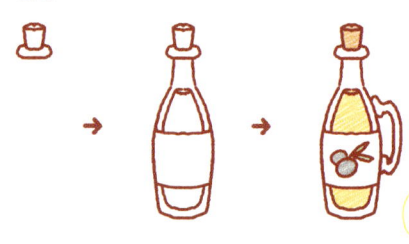

투명하게 색칠하는 게 포인트!

계량컵

버터

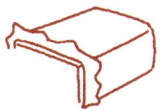   

1. 버터 덩어리와 포장지를 그려요.
2. 잘린 버터 조각을 그려요.
3. 두 번째 잘린 조각을 그려요.
4. 마지막 조각과 포장 장식을 그리고 색칠해요.

선물상자

1. 장미를 그려요.
2. 장미를 중심으로 리본을 그려요.
3. 하트모양 상자를 그려요.
4. 상자에 띠를 두르고 색칠해요.

초콜릿 케이크

1. 초콜릿을 두 개 그려요.
2. 흘러 내리는 초콜릿을 그려요.
3. 빵 부분을 그려요.
4. 접시를 그리고 색칠해요.

전동거품기

1. 몸체를 그려요.
2. 손잡이 부분을 그려요.
3. 버튼과 기계의 장식을 그려요.
4. 거품기 두 개를 그리고 색칠해요.

3 STEP

쿠키를 굽는 고양이

① 머리의 곡선을 그려요.

② 얼굴 형태를 그려요.

③ 귀를 그려요.

④ 표정을 그려요.

⑤ 카라와 윗도리 일부분을 그려요.

⑥ 쟁반과 장갑낀 손과 팔을 그려요.

⑦ 쟁반 안에 쿠키를 그려요.

⑧ 앞치마와 바지를 그려요.

⑨ 다리와 앞치마 뒤쪽 리본끈을 그리고 꼬리를 그려요.

⑩ 수염을 그리고 색칠해요.

PLUS ILLUST

밸런타인데이에 선물하고 싶은 초콜릿들을 마음껏 그려보세요.

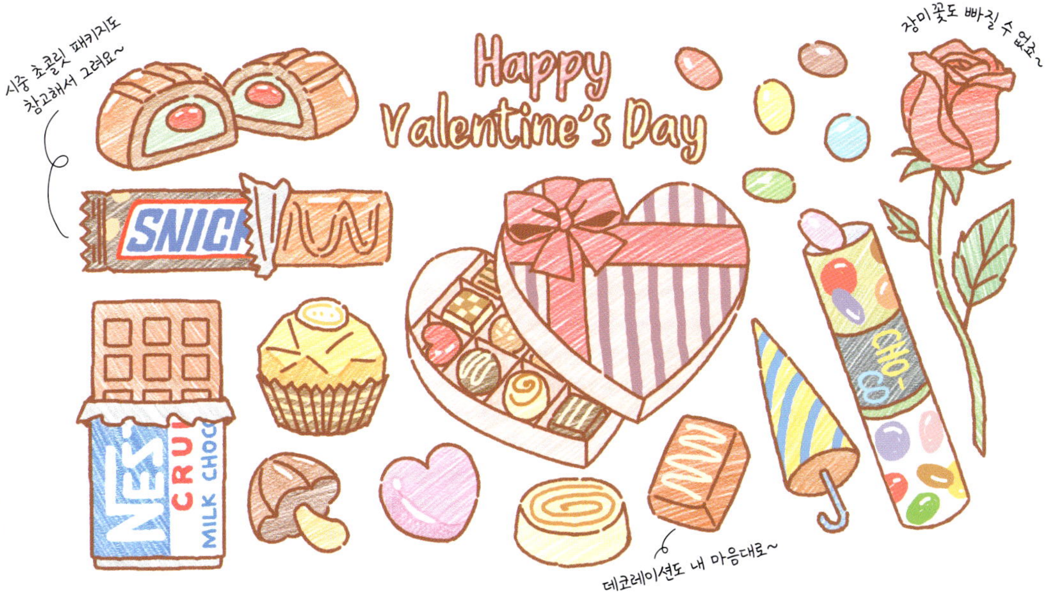

시중 초콜릿 패키지도 참고해서 그려요~

Happy Valentine's Day

장미꽃도 빠질 수 없죠~

데코레이션도 내 마음대로~

| 하트 | 다양한 하트를 그려 마음을 표현해보세요. |

| 선물 | 어떤 모양으로 포장해서 선물할까요? |

3 STEP

장미 꽃을 든 강아지

① 얼굴 형태를 그려요.

② 앞머리와 리본을 그려요.

③ 눈코입을 그려요.

④ 카라와 앞치마 프릴을 그려요.

⑤ 귀를 그려요.

⑥ 장미를 든 팔과 손을 그려요.

⑦ 앞치마를 그려요.

⑧ 다리를 그려요.

⑨ 꼬리와 수염을 그려요.

⑩ 장미를 그리고 색칠해요.

PLUS ILLUST

초콜릿과 쿠키를 만드는 데 사용되는 다양한 도구들을 그려보세요.

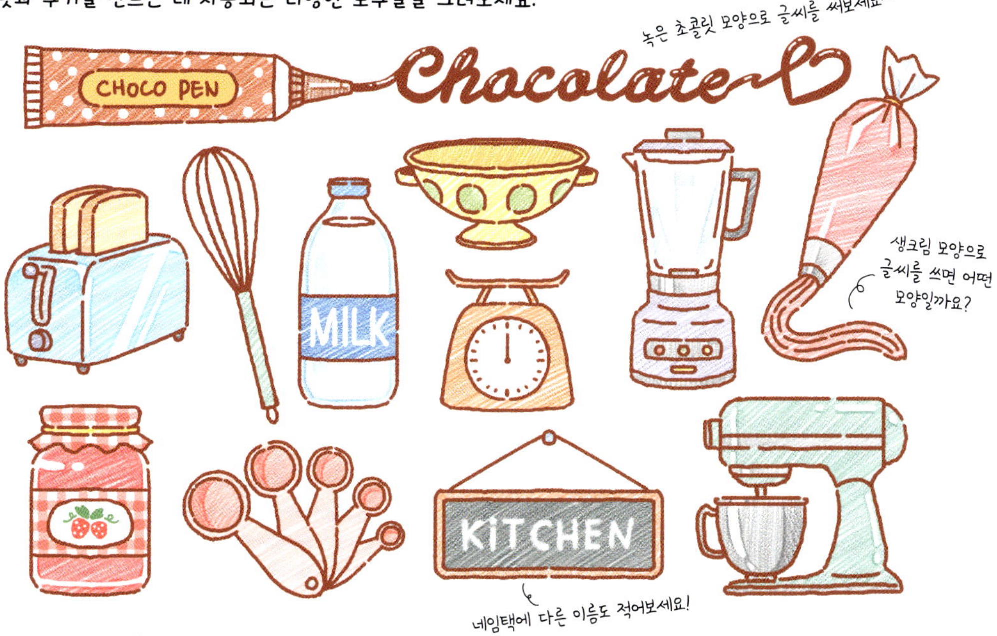

녹은 초콜릿 모양으로 글씨를 써보세요~

생크림 모양으로 글씨를 쓰면 어떤 모양일까요?

네임택에 다른 이름도 적어보세요!

| 앞치마 | 귀여운 앞치마를 그려보세요. |
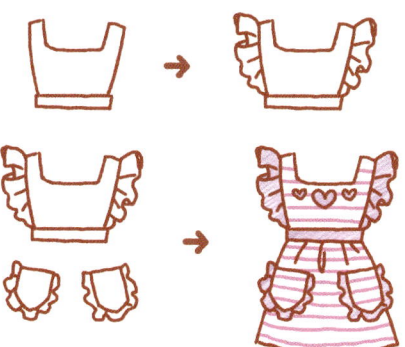

| 주방 장갑 | 여러 가지 패턴 연습을 해보세요.

4 STEP

베이킹하는 소녀

① 얼굴과 귀를 그려요.

② 눈코입을 그려요.

③ 머리와 리본을 그려요.

④ 카라를 그려요.

⑤ 앞치마 일부분을 그려요.

⑥ 거품기 손잡이와 팔, 손을 그리고 쭉 뻗은 오른팔과 손을 그려요.

⑦ 초콜릿이 묻어 있는 거품기를 그려요.

⑧ 앞치마 나머지 부분과 바지와 다리, 양말과 신발을 그려요.

⑨ 앞치마 주머니, 뒤쪽 리본끈을 그리고 색칠해요.

선물상자를 든 소녀

1 얼굴과 귀를 그려요.

2 눈코입을 그려요.

3 앞머리와 리본을 그려요.

4 선물상자와 손을 그려요.

5 앞치마 일부분과 팔을 그려요.

6 앞치마 나머지 부분을 그려요.

7 치마를 그려요.

8 머리 아랫부분을 그려요.

9 다리와 양말, 신발, 앞치마 뒤쪽 리본끈을 그리고 색칠해요.

밋밋한 그림에 아기자기한 패턴을 채워 완성도를 높여보세요.

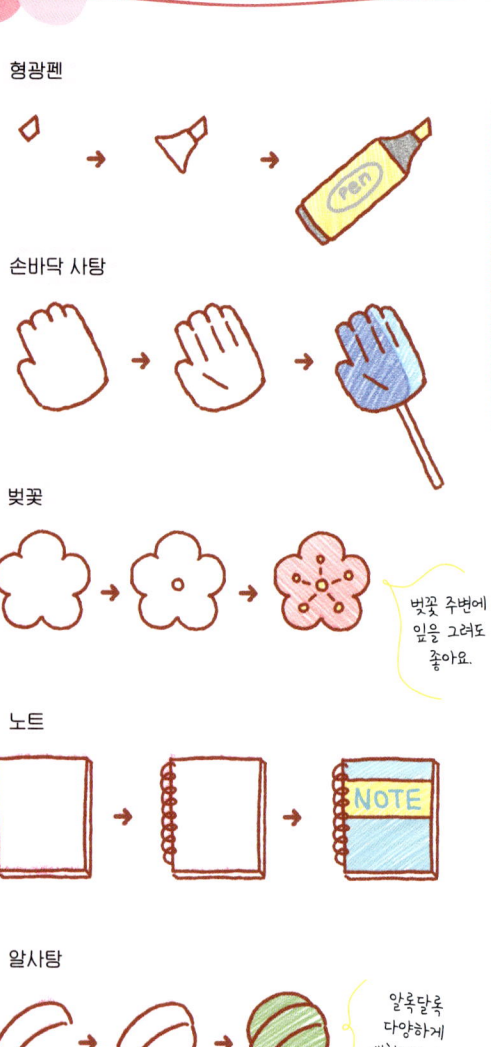

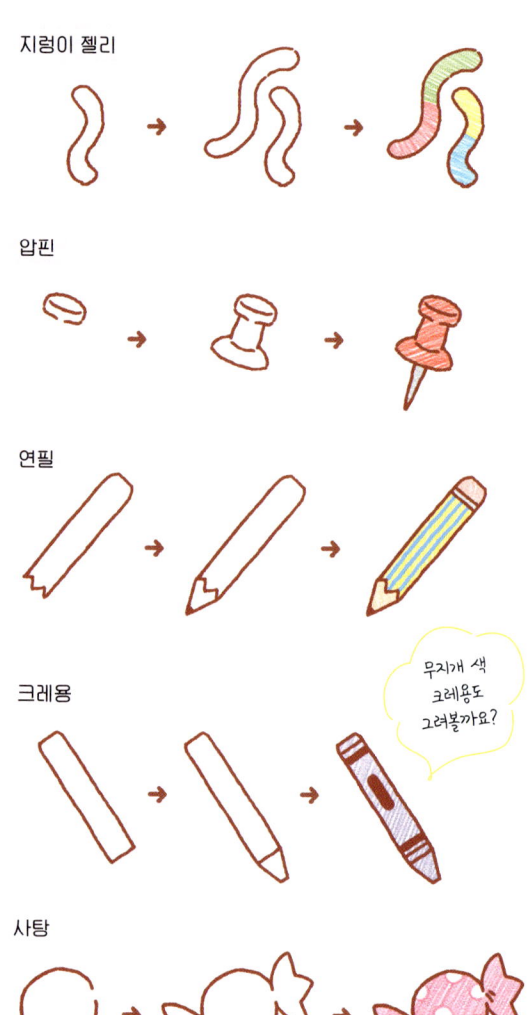

지구본

1. 원을 그려요.
2. 회전축을 그려요.
3. 받침대를 그려요.
4. 지도를 그리고 색칠해요.

별사탕

  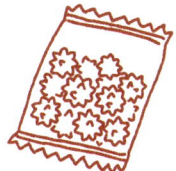 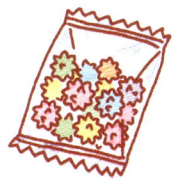

1. 네모를 그려요.
2. 위아래로 톱니모양을 그려요.
3. 별사탕을 그려요.
4. 봉투의 주름을 그리고 색칠해요.

책가방

1. 가방 형태를 그려요.
2. 앞 주머니와 상표를 그려요.
3. 지퍼 부분을 그려요.
4. 가방 끈을 그리고 색칠해요.

벚꽃 무리

1. 벚꽃을 그려요.
2. 밑으로 타원모양의 꽃잎을 네 개 그려요.
3. 나머지 두 송이의 벚꽃을 마무리해서 그려요.
4. 꽃술을 그리고 색칠해요.

3 STEP

지각한 고양이

① 얼굴 형태를 그려요.

② 귀를 그려요.

③ 표정을 살려 눈코입을 그려요.

④ 카라와 리본을 그려요.

⑤ 가방끈과 양팔, 손을 그려요.

⑥ 윗도리를 그려요.

⑦ 바지를 그려요.

⑧ 다리를 그려요.

⑨ 꼬리와 가방을 그려요.

⑩ 수염과 땀, 눈물을 그리고 색칠해요.

PLUS ILLUST

3월 14일은 화이트데이! 달콤한 것들을 그려보세요~.

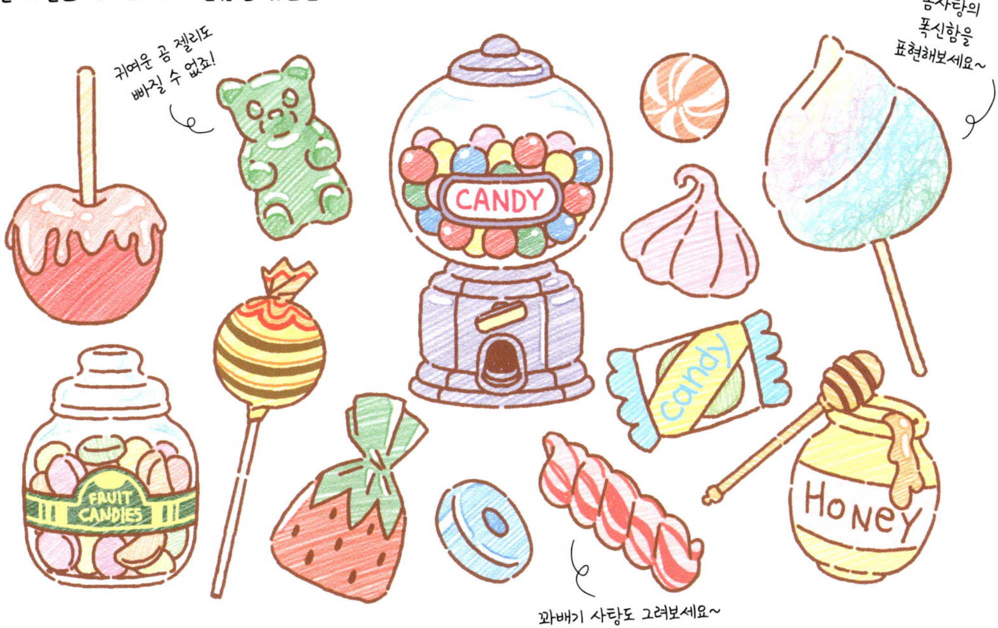

귀여운 곰 젤리도 빠질 수 없죠!

송사탕의 폭신함을 표현해보세요~

꽈배기 사탕도 그려보세요~

| 봉지 사탕 | 투명한 사탕 봉지의 포인트는 리본과 봉지의 주름입니다. |

무지개빛 사탕 예쁘죠?

| 리본 사탕 | 친구들에게 선물하고 싶은 사탕을 꾸며보세요. |

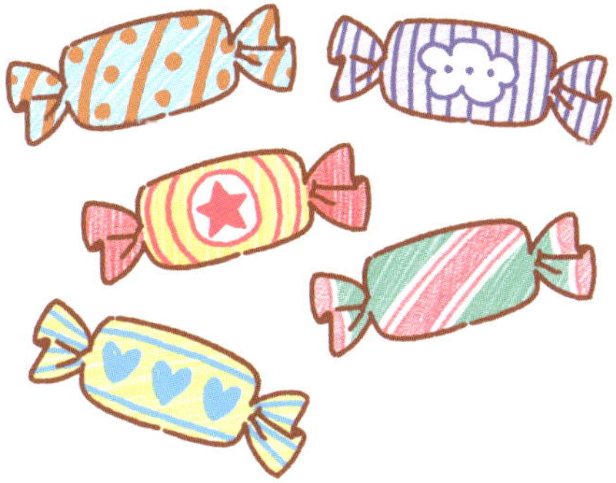

3 STEP

꽃놀이 강아지

① 얼굴 모양을 그려요.

② 표정을 그려요.

③ 앞머리를 그려요.

④ 꽃을 그려요.

⑤ 리본과 오른팔, 손을 그려요.

⑥ 치마와 가디건을 그려요.

⑦ 왼팔과 손을 그려요.

⑧ 귀를 그려요.

⑨ 치마 밑단과 다리를 그리고 색칠해요.

⑩ 꼬리를 그려요.

⑪ 수염과 벚꽃을 그리고 색칠해요.

034

PLUS ILLUST

두근두근 새학기에는 무엇을 챙겨야 할까요?

갖고 싶은 필기 도구들을 모두 그려보세요~

맛있는 간식은 필수!

어떤 무늬의 마스킹 테이프를 갖고 있나요?

알람 시계 시끄럽게 울리는 알람시계를 표현해보세요.

개나리 개나리 꽃잎을 둥글게 이어 그리면 개나리 리스가 완성돼요.

4 STEP

등교하는 소녀 1

① 얼굴과 귀를 그려요.

② 눈코입을 그려요.

③ 머리와 리본을 그려요.

④ 카라와 리본을 그려요.

⑤ 가방끈과 왼팔, 손, 윗도리 일부분을 그려요.

⑥ 나머지 가방끈과 오른팔, 손을 그리고 윗도리를 마무리해서 그려요.

⑦ 바지를 그려요.

⑧ 다리와 신발을 그려요.

⑨ 양말을 그려요.

⑩ 등 뒤로 가방을 그리고 색칠해요.

PLUS ILLUST

4 STEP

등교하는 소녀 2

① 얼굴과 귀를 그려요.

② 눈코입을 그려요.

③ 머리 윗부분과 리본을 그려요.

④ 카라와 리본을 그려요.

⑤ 가방끈과 가방을 그려요.

⑥ 윗도리와 양팔을 그려요.

⑦ 양손을 그리고 머리 아랫부분을 그려요.

⑧ 치마를 그려요.

⑨ 다리와 신발을 그려요.

⑩ 양말을 그리고 색칠해요.

예쁜 마스킹 테이프를 활용하여 다이어리를 꾸며보세요.

체리 패턴

줄무늬

하트 패턴

 **STEP**

방울토마토

삶은 계란

김밥

유부초밥

후레이코도
그려넣어
보세요~

물뿌리개

핫도그

무당벌레

지렁이

지렁이 젤리처럼
알록달록 색칠해볼까요?

포크
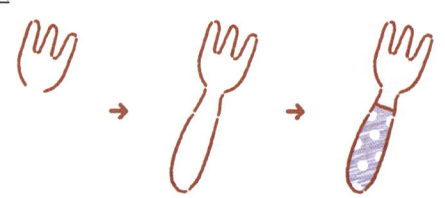

네잎 클로버

2 STEP

피크닉 바구니

1. 바구니와 천을 그려요.
2. 와인과 바게트를 그려요.
3. 과일들을 그려요.
4. 바구니 손잡이를 그리고 색칠해요.

작은 새

 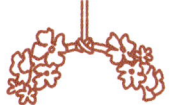 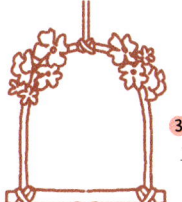 

1. 끈을 그려요.
2. 꽃을 그려요.
3. 그네를 그려요.
4. 작은 새를 그리고 색칠해요.

크루아상 샌드위치

1. 크루아상 윗부분을 그려요.
2. 양파와 햄을 그려요.
3. 양상추를 그려요.
4. 크루아상 아랫부분을 그리고 색칠해요.

화분

1. 꽃과 잎을 그려요.
2. 길게 늘어진 잎을 그려요.
3. 화분을 그려요.
4. 걸려 있는 줄을 그리고 색칠해요.

3 STEP

꽃잎배를 타는 고양이 요정

① 얼굴 형태를 그려요.

② 꽃모자를 그려요.

③ 귀를 그려요.

④ 눈코입을 그려요.

⑤ 카라와 노의 일부분을 그리고 양팔과 손을 그려요.

⑥ 윗도리를 마무리해서 그려요.

⑦ 바지와 다리를 그려요.

⑧ 꽃잎배를 그리고 노를 마무리해서 그려요.

⑨ 수염과 꼬리, 날개와 물결을 그리고 색칠해요.

PLUS ILLUST

요정의 마을엔 무엇이 있을까요? 마음껏 상상을 펼쳐보세요.

작은 요정의 마을에서는 작은 들꽃을 크게 보여요.

들꽃으로 창가를 장식해요~

귀여운 우편함도 필요해요!

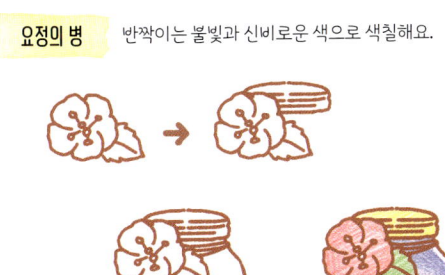

요정의 병 반짝이는 불빛과 신비로운 색으로 색칠해요.

요정의 집 깜찍한 요정의 집을 다양하게 그려보세요!

3 STEP

방울토마토를 든 강아지 요정

 ① 얼굴의 곡선을 그려요.

 ② 눈코입을 그려요.

 ③ 꽃모자를 그려요.

 ④ 귀를 그려요.

 ⑤ 방울토마토를 들고 있는 팔을 그려요.

 ⑥ 방울토마토를 그려요.

 ⑦ 카라와 치마를 그려요.

⑧ 꼬리와 다리를 그려요.

 ⑨ 수염과 날개를 그리고 색칠해요.

PLUS ILLUST

숲속 요정들과 피크닉을 가요! 어떤 도시락을 준비해 갈까요?

문어 소세지, 토끼 사과, 곰돌이 햄버거~ 상상을 더해 그려보세요~

바삭한 튀김옷을 표현해요~

딸기의 단면은 어떻게 생겼을까요?

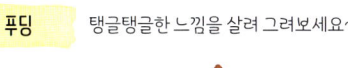

푸딩   탱글탱글한 느낌을 살려 그려보세요~

과일 도시락   좋아하는 과일들을 가득 담아 과일 도시락을 완성해보세요.

민들레 홀씨에 앉아 있는 요정

① 얼굴과 귀를 그려요.

② 눈코입을 그려요.

③ 머리를 그려요.

④ 꽃모자를 그려요.

⑤ 카라를 그려요.

⑥ 민들레 홀씨를 짚고 있는 팔과 손을 그려요.

⑦ 윗도리를 마무리해서 그려요.

⑧ 바지와 다리, 신발을 그리고 날개를 그려요.

⑨ 민들레 홀씨를 그리고 색칠해요.

PLUS ILLUST

049

4 STEP

그네 타는 요정

① 얼굴과 귀를 그려요.

② 눈코입을 그려요.

③ 꽃모자를 그려요.

④ 카라를 그려요.

⑤ 원피스를 그려요.

⑥ 그네줄 일부분과 그네줄을 잡고 있는 양팔과 손을 그려요.

⑦ 다리와 신발, 그네와 나머지 그네줄, 머리 아랫부분과 날개를 그려요.

⑧ 그네가 매달린 나뭇가지를 그리고 색칠해요.

다양한 식물 덩굴은 코너를 꾸미기에 좋은 소재예요.

1 STEP

머그컵

식빵

머핀

민트 초코칩 머핀 완성!

티백

바게트

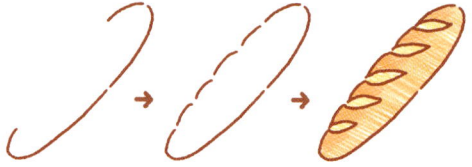

도넛

토핑을 마음껏 꾸며보세요~

커피 원두

프레첼

조각 케이크

다양한 과일을 얹어보세요!

캔음료

음료수 패키지를 관찰하고 그려보세요~

팬케이크

① 팬케이크 윗장과 과일을 그려요.

② 아래쪽에 팬케이크 두 장을 그려요.

③ 접시를 그려요.

④ 시럽을 그리고 색칠해요.

팩음료

① 비스듬한 네모를 그려요.

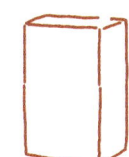
② 윗면과 옆면을 그려요.

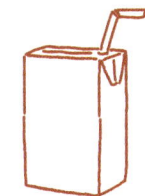
③ 빨대와 집힌 부분을 그려요.

④ 복숭아를 그리고 팩을 꾸민 후 색칠해요.

우유

① 비스듬한 네모를 그려요.

② 옆면을 그려요.

③ 우유곽 윗부분을 그려요.

④ 우유곽을 꾸민 후 색칠해요.

레몬에이드

① 레몬 조각을 그려요.

② 컵의 윗부분과 빨대를 그려요.

③ 컵을 그려요.

④ 빨대 무늬와 기포를 그리고 색칠해요.

달콤한 베이커리~ 먹음직스럽게 그려보세요.

롤 케이크 크림 가득한 롤 케이크를 표현해보세요.

도넛 다양한 토핑을 그려 장식해보세요.

3 STEP

컵 속의 강아지

① 얼굴과 앞머리를 그려요.

② 귀를 그려요.

③ 눈코입을 그려요.

④ 모자를 그려요.

⑤ 손과 꼬리를 그려요.

⑥ 컵의 윗부분과 윗도리를 그려요.

⑦ 컵의 밑부분을 그려요.

⑧ 컵 손잡이와 접시를 그려요.

⑨ 수염과 모자의 리본, 컵의 장식을 그리고 색칠해요.

오후의 티타임엔 어떤 차를 마셔볼까요?

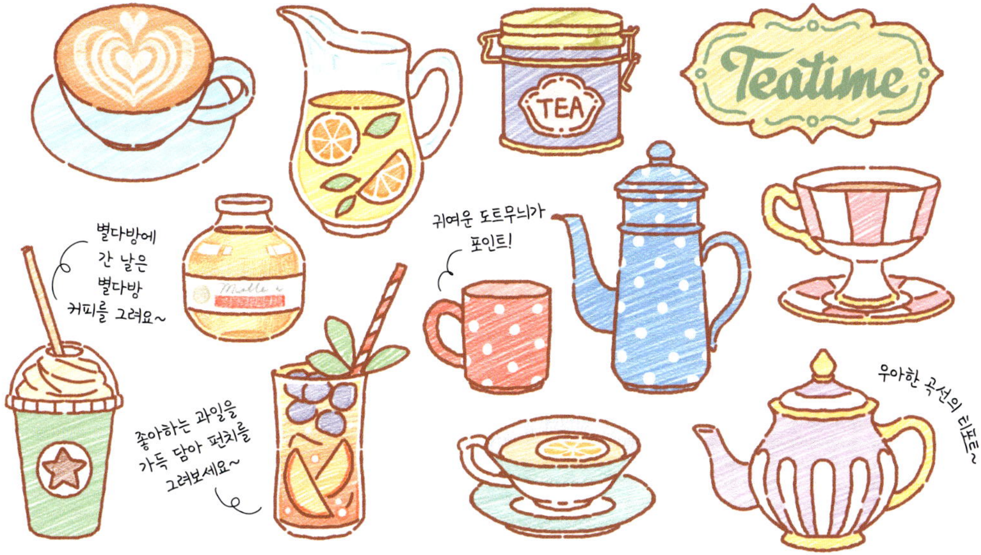

별다방에 간 날은 별다방 커피를 그려요~

좋아하는 과일을 가득 담아 펀치를 그려보세요~

귀여운 도트무늬가 포인트!

우아한 곡선의 티포트~

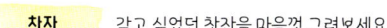

원두 그라인더   빈티지한 색감으로 칠해보세요.

찻잔   갖고 싶었던 찻잔을 마음껏 그려보세요.

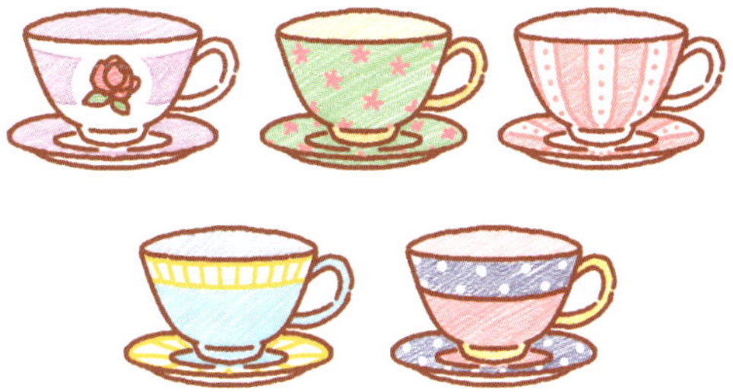

4 STEP

프레첼 먹는 소녀

① 얼굴과 귀를 그려요.

② 눈코입을 그려요.

③ 앞머리를 그려요.

④ 머리 아랫부분과 모자를 그려요.

⑤ 프레첼과 프레첼을 든 손을 그려요.

⑥ 윗도리와 팔을 그려요.

⑦ 윗도리를 마무리해서 그려요.

⑧ 바지를 그려요.

⑨ 다리와 양말, 신발을 그려요.

⑩ 모락모락 김을 그리고 색칠해요.

4 STEP

커피를 마시는 소녀

① 얼굴과 귀를 그려요.

② 눈코입을 그려요.

③ 앞머리를 그려요.

④ 모자를 그려요.

⑤ 커피잔과 커피잔을 든 손을 그려요.

⑥ 윗도리와 팔을 그려요.

⑦ 치마를 그려요.

⑧ 다리와 양말, 신발을 그려요.

⑨ 머리 아랫부분을 그려요.

⑩ 모자의 리본과 컵의 장식을 그리고 색칠해요.

PLUS ILLUST

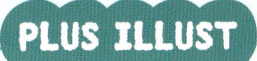

아이콘은 다이어리 스케줄을 적을 때 정말 유용해요.

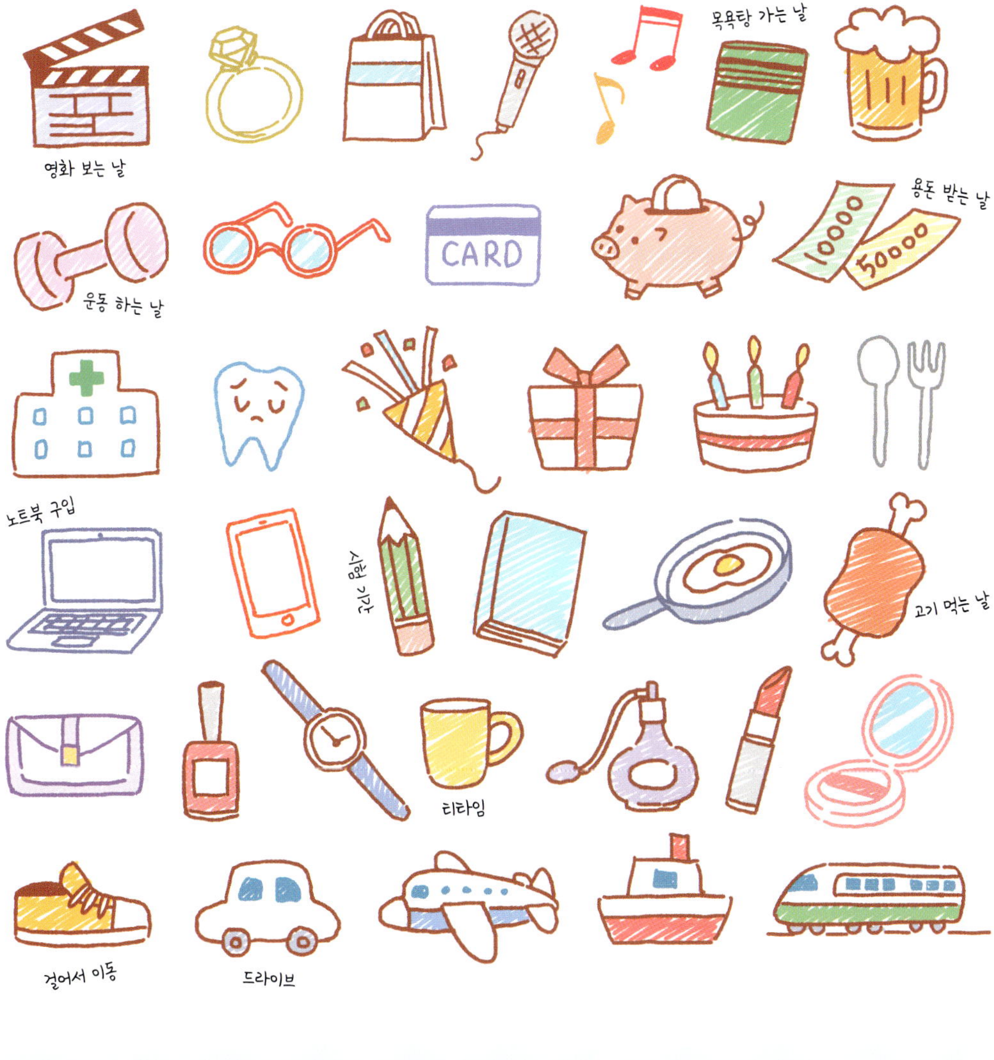

목욕탕 가는 날
영화 보는 날
용돈 받는 날
10000
50000
운동 하는 날
CARD
노트북 구입
시험 기간
고기 먹는 날
티타임
걸어서 이동
드라이브

수국

분홍색 수국으로도 색칠해 보세요!

달팽이

펼친 우산

빗방울

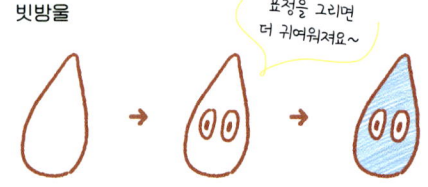
표정을 그리면 더 귀여워져요~

새싹

구름

장화

무지개

알록달록 무지개 색을 채워보세요~

접은 우산

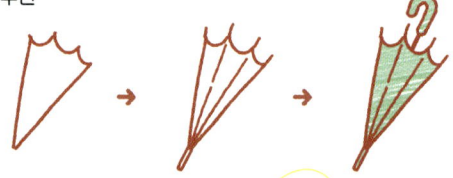

우비

다른 모양의 귀도 그려보세요~

2 STEP

연잎 위의 개구리

1. 머리를 그려요.
2. 몸통과 팔, 다리를 그려요.
3. 표정을 그려요.
4. 연잎을 그리고 색칠해요.

수국 다발

 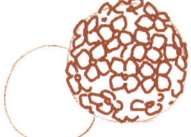  

1. 연필로 보조선을 그려요.
2. 큰 수국을 먼저 그려요.
3. 작은 수국을 그려요.
4. 잎을 그리고 보조선을 지우고 색칠해요.

바닥에 놓인 우산

1. 그림처럼 우산 윗부분을 그려요.
2. 안쪽을 그려요.
3. 우산살과 손잡이를 그려요.
4. 그림자를 그리고 색칠해요.

연꽃

1. 술을 중심으로 작은 꽃잎을 그려요.
2. 바깥으로 큰 꽃잎을 그리고 줄기를 그려요.
3. 잎을 그려요.
4. 물방울을 그리고 색칠해요.

3 STEP

우산을 쓴 고양이

① 머리의 곡선을 그려요.

② 얼굴 형태를 그려요.

③ 귀를 그려요.

④ 표정을 그려요.

⑤ 우산 손잡이, 우산대를 그리고 잡고 있는 손을 그려요.

⑥ 우비 모자와 리본을 그려요.

⑦ 우비를 그려요.

⑧ 장화와 다리를 그려요.

⑨ 수염과 꼬리를 그려요.

⑩ 우산을 그리고 색칠해요.

PLUS ILLUST

싱그러운 꽃들로 다이어리를 장식해보세요.

중심에서 바깥으로 꽃잎을 채워요~

비대칭 모양의 꽃잎도 그려보세요~

세 잎으로도 꽃을 그릴 수 있어요!

주름 치마 같은 꽃잎을 그려요~

수국 리스   수국에 어울리는 다른 리본도 그려보세요!

우산   비오는 날마다 예쁜 우산을 그려 다이어리를 꾸며보세요.

3 STEP

수국을 든 강아지

① 얼굴과 앞머리를 그려요.

② 표정을 그려요.

③ 우비 모자의 밑부분과 귀를 그려요.

④ 우비 모자의 귀를 그려요.

⑤ 수국과 잎을 그려요.

⑥ 수국을 든 손과 우비의 팔 부분을 그려요.

⑦ 우비를 완성해서 그려요.

⑧ 다리와 장화를 그려요.

⑨ 꼬리를 그려요.

⑩ 수염을 그리고 색칠해요.

PLUS ILLUST

보기만 해도 힐링이 되는 초록색 잎을 그려보세요.

단순한 모양부터 그리기 시작해요~

중간중간 작은 열매도 그려요~

영롱한 물방울이 포인트!

선인장 귀여운 모자를 쓴 선인장을 그려보세요.

가시는 마지막에 그리세요~

장화와 수국 계절과 어울리는 소품들을 조합해보세요.

4 STEP

웅덩이에서 장난치는 소녀

① 얼굴과 귀를 그려요.

② 눈코입을 그려요.

③ 앞머리를 그려요.

④ 우비 모자와 리본을 그려요.

⑤ 몸통을 그려요.

⑥ 단추와 주름, 손을 그려요.

⑦ 다리와 장화를 그려요.

⑧ 물 웅덩이와 물방울을 그리고 색칠해요.

PLUS ILLUST

4 STEP

나뭇잎 우산을 쓴 소녀

① 얼굴과 귀를 그려요.

② 눈코입을 그려요.

③ 앞머리를 그려요.

④ 우비 모자를 그려요.

⑤ 나뭇잎 줄기와 줄기를 잡은 손을 그려요.

⑥ 우비의 몸통과 단추를 그려요.

⑦ 양팔과 우비의 주름, 머리 아랫부분을 그려요.

⑧ 다리와 장화를 그려요.

⑨ 나뭇잎을 그리고 색칠해요.

다이어리에 날씨와 기분을 빼놓을 수가 없죠!
날씨와 기분을 아이콘으로 그려넣으면 효과만점이에요~!

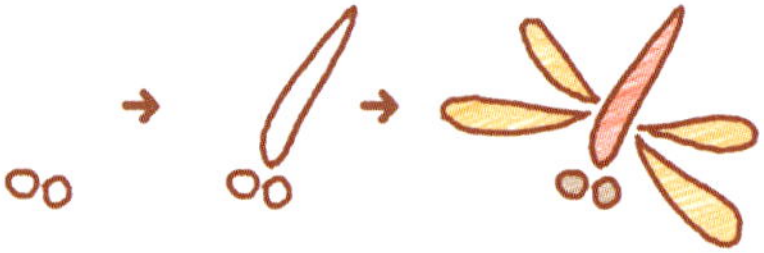

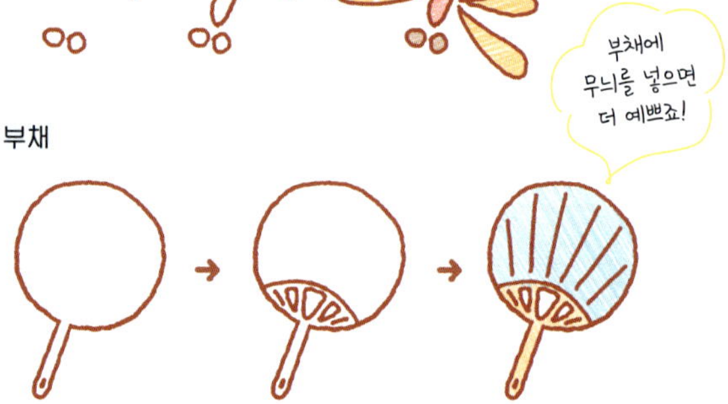

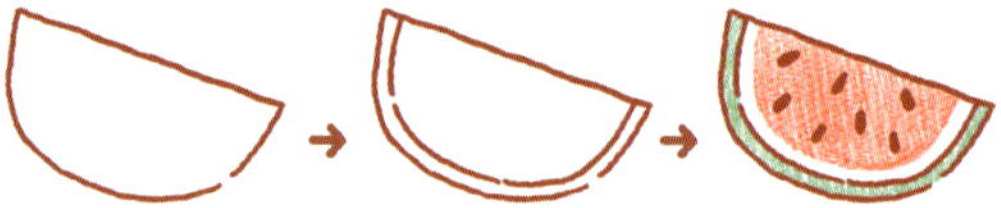

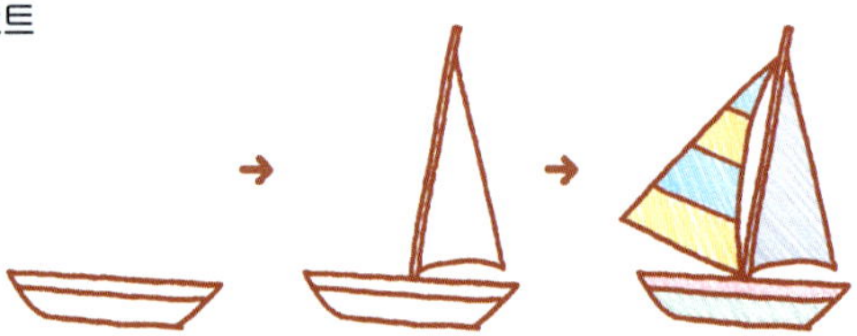

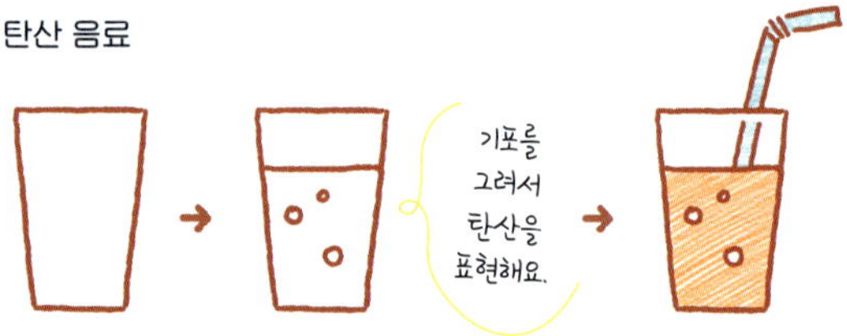

소프트 아이스크림

1. 그림처럼 둥근 뿔을 그려요.
2. 그 아래 부분을 그려요.
3. 그 아래를 그려 3단을 만들어요.
4. 아이스크림의 결과 녹은 부분을 그려요.
5. 콘과 콘의 무늬를 그리고 색칠해요.

캡모자

1. 모자 윗부분을 그려요.
2. 그 아래로 곡선을 그려요.
3. 구부러진 모양을 생각하며 캡 부분을 그려요.
4. 로고 등 모자의 디테일을 그리고 색칠해요.

해바라기

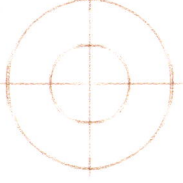 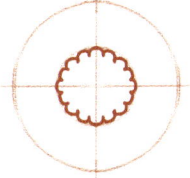  

1. 연필로 보조선을 그려요.
2. 중심에 씨 부분을 그려요.
3. 씨를 중심으로 꽃잎을 그려요.
4. 보조선을 지우고 꽃의 디테일을 그리고 색칠해요.

장수풍뎅이

1. 그림처럼 가운데 선을 중심으로 몸통을 그려요.
2. 선을 넣어 몸통과 머리 부분을 나눠요.
3. 뿔을 그려요.
4. 다리를 그리고 광택을 살리며 색칠해요.

3 STEP

잠자리채를 든 고양이

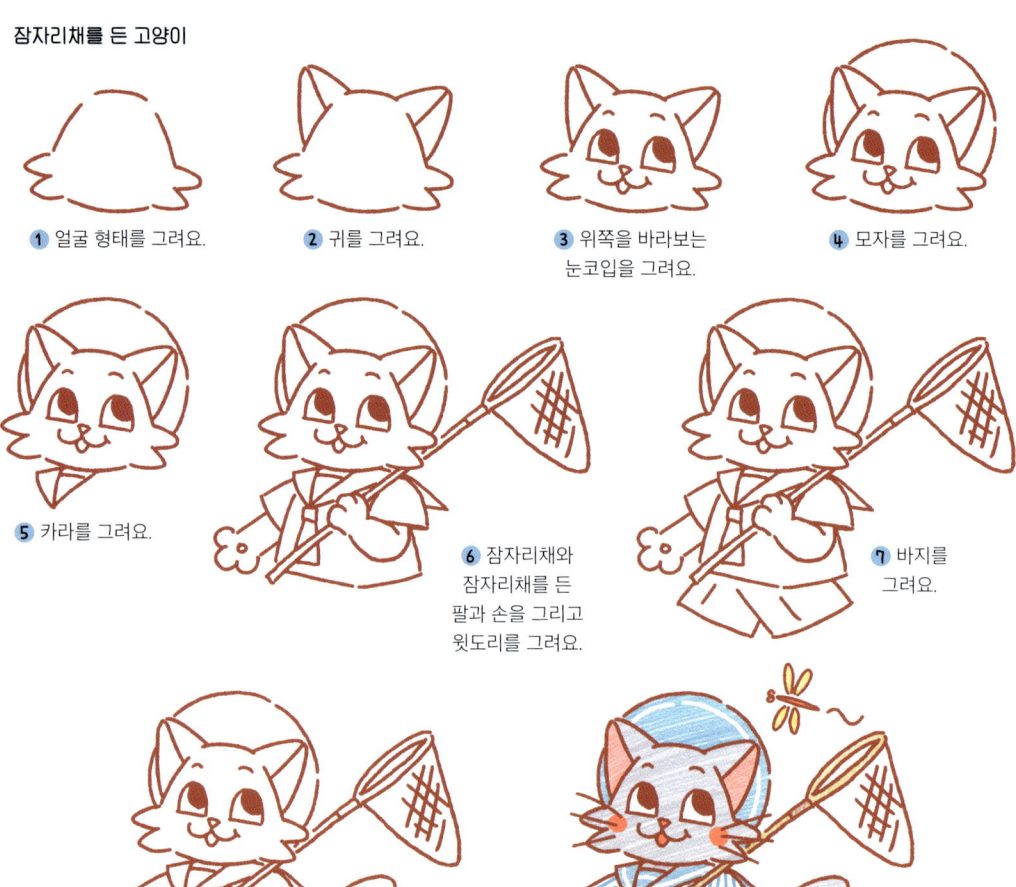

PLUS ILLUST

여름방학 풍경은 어떤 모습인가요?

여름 숲에서 어떤 곤충들을 만났나요?

할머니댁에서 먹은 여름 간식들을 그려보세요.

밀짚 모자 자연스럽게 삐져나온 지푸라기가 포인트예요.

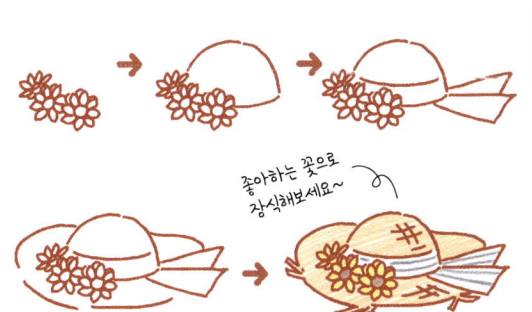

좋아하는 꽃으로 장식해보세요~

나팔꽃 나팔꽃은 강한 색보다 연한 색이 더 잘 어울려요.

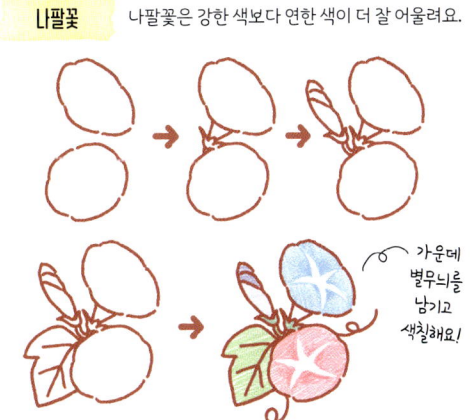

가운데 별무늬를 남기고 색칠해요!

3 STEP

부채를 든 강아지

① 얼굴 형태와 앞머리를 그려요.

② 귀를 그려요.

③ 눈코입을 그려요.

④ 모자를 그려요.

⑤ 카라와 넥타이를 그려요.

⑥ 오른팔을 그려요.

⑦ 치마를 그려요.

⑧ 부채와 부채를 든 왼팔, 손을 그려요.

⑨ 꼬리와 다리를 그리고 치마 밑둘레를 그려요.

⑩ 수염과 부채 안의 물고기를 그리고 색칠해요.

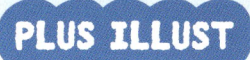

더위를 날려줄 시원한 여름 간식을 그려보세요.

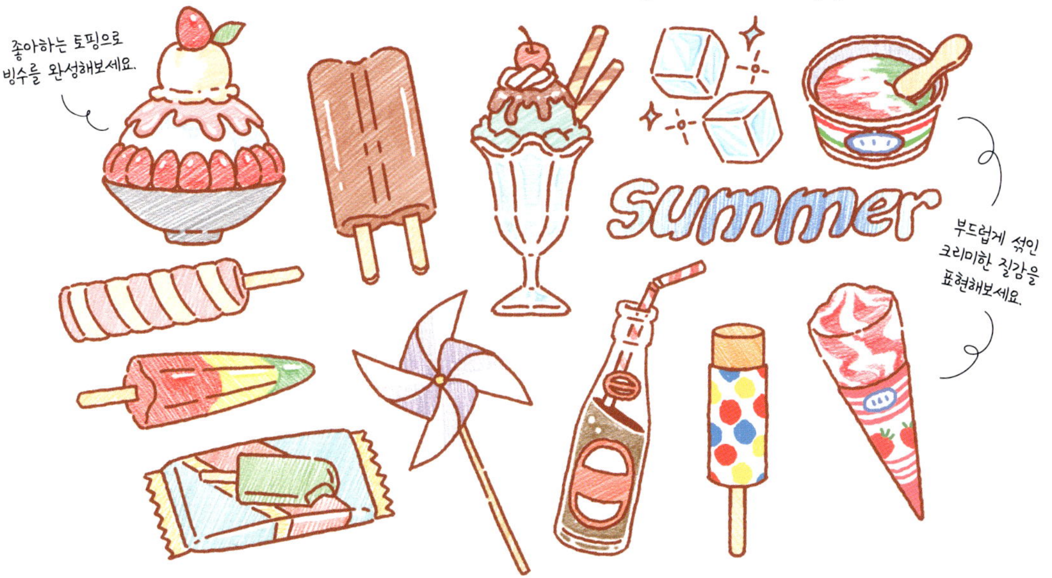
좋아하는 토핑으로
빙수를 완성해보세요.
얼음에 반짝반짝 반사광을 넣어요!
summer
부드럽게 섞인
크리미한 질감을
표현해보세요.

맥주 거품과 탄산이 풍성한 맥주를 완성해보세요.

불꽃놀이 형형색색 밤하늘을 수 놓는 불꽃을 그려보세요.

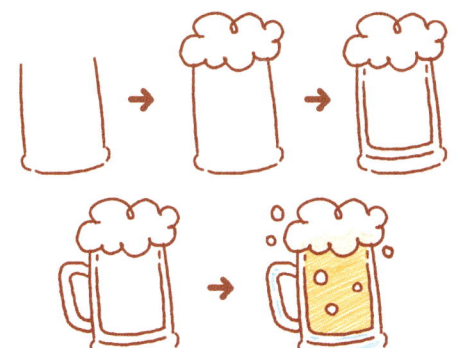

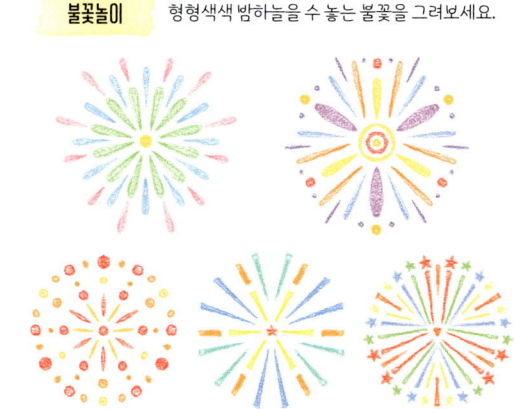

아이스크림을 떨어뜨린 소녀

① 얼굴과 귀를 그려요.

② 눈물을 흘리는 표정을 그려요.

③ 머리를 그려요.

④ 모자와 머리 아랫부분을 그려요.

⑤ 카라를 그려요.

⑥ 아이스크림과 아이스크림을 들고 있는 팔, 손을 그려요.

⑦ 윗도리를 마무리해서 그려요.

⑧ 바지를 그려요.

⑨ 다리와 양말, 신발을 그려요.

⑩ 아이스크림 콘의 무늬와 떨어뜨린 아이스크림을 그리고 색칠해요.

PLUS ILLUST

소라를 든 소녀

① 얼굴과 귀를 그려요.

② 눈코입을 그려요.

③ 소라와 소라를 든 팔과 손을 그려요.

④ 머리 윗부분을 그려요.

⑤ 모자를 그려요.

⑥ 카라를 그려요.

⑦ 윗도리를 그려요.

⑧ 왼팔과 손을 그리고 치마를 그려요.

⑨ 흩날리는 머리 아랫부분을 그리고 다리와 양말, 신발을 그려요.

⑩ 그림을 마무리하고 색칠해요.

여러 가지 장식으로 다이어리의 코너를 장식해보세요.

체리

나팔꽃 덩굴

반복적인 패턴으로 연습해요~

곰돌이

하트

리본

나비와 꽃

별무리

1 STEP

조개

비치볼

삽

게

태양

다른 표정도 그려볼까요?

불가사리

물고기

물고기떼를 완성해보세요~

튜브

플립플랍

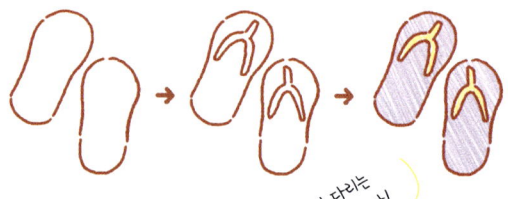

문어

문어 다리는 여덟 개랍니다!

STEP 2

소라

1. 그림처럼 제일 윗부분을 그려요.
2. 그 아래 꼬인 모양으로 다음 단과 뿔을 그려요.
3. 그 아래 단과 뿔을 그려요.
4. 소라의 뚫린 부분을 그리고 색칠해요.

잠수경

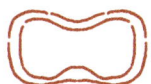 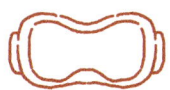  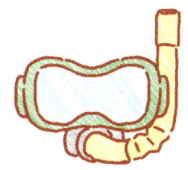

1. 대칭을 맞춰 안경 부분을 그려요.
2. 양옆의 디테일을 그려요.
3. 호스 연결 부분을 그려요.
4. 호스와 주름을 그리고 색칠해요.

열대어

1. 몸통을 그려요.
2. 표정을 그려요.
3. 지느러미를 그려요.
4. 무늬를 그리고 색칠해요.

야자수

1. 야자수 열매를 그려요.
2. 나무 기둥과 땅을 그려요.
3. 야자잎을 그려요.
4. 나무 기둥에 선을 넣고 색칠해요.

3 STEP

튜브 타는 고양이

① 머리의 곡선을 그려요.

② 얼굴 형태를 그려요.

③ 귀를 그려요.

④ 웃는 표정을 그려요.

⑤ 목둘레와 어깨를 그려요.

⑥ 오른팔을 그려요.

⑦ 왼팔을 그리고 윗도리를 마무리해서 그려요.

⑧ 튜브를 그려요.

⑨ 튜브의 무늬를 그리고 물결과 물방울을 그려요.

⑩ 수염과 태양을 그리고 색칠해요.

PLUS ILLUST

알로하 노래가 들리는 해변을 상상해보세요~.

끝으로 갈수록 옅은 색으로 칠해요!

그라데이션으로 색칠해요~

모래로 만든 모래성은 끝이 뾰족하지 않죠!

하얀색 포인트를 주면 광택이 표현돼요.

| 칵테일 | 여름 바다를 닮은 아름다운 칵테일을 표현해보세요. |

노을빛 칵테일도 도전해보세요!

| 썬글라스 | 나만의 썬글라스를 완성해보세요. |

3 STEP

모래놀이 강아지

① 얼굴 선을 그려요.

② 눈코입을 그려요.

③ 앞머리와 리본을 그려요.

④ 귀를 그려요.

⑤ 왼팔을 그려요.

⑥ 모래더미를 그려요.

⑦ 어깨를 그려요.

⑧ 다리를 그려요.

⑨ 윗도리를 마무리해서 그려요.

⑩ 수염과 꼬리를 그리고 색칠해요.

신비로운 바닷속 풍경은 어떨까요?

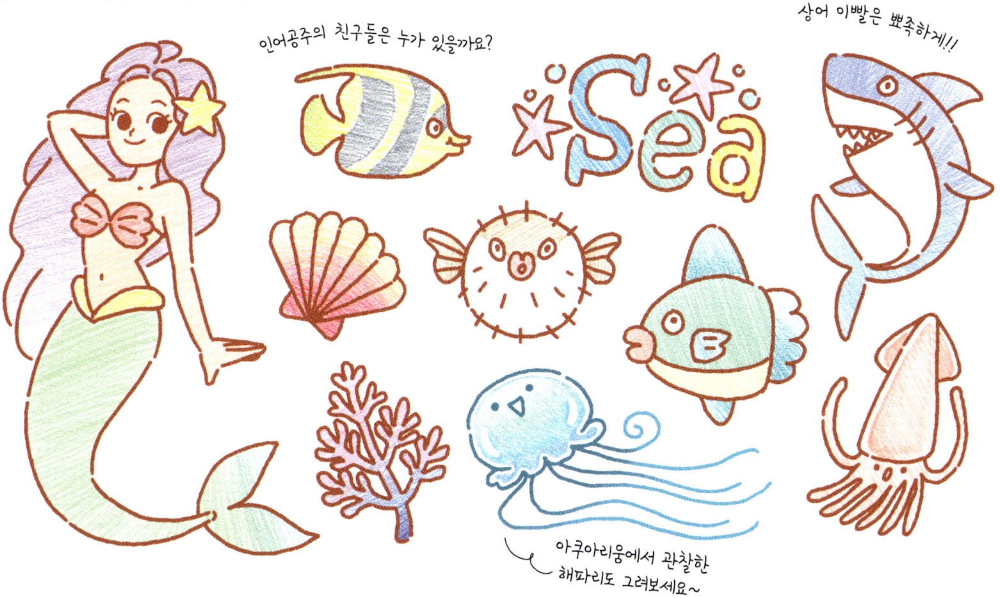

인어공주의 친구들은 누가 있을까요?

상어 이빨은 뾰족하게!!

아쿠아리움에서 관찰한 해파리도 그려보세요~

| 해마 | 실제 해마의 모습보다 더 귀엽게 표현해보세요. |

무지개빛의 아름다운 색으로 색칠해요!

| 불가사리 | 바다에서 본 불가사리는 어떤 모양과 색이었나요? |

4 STEP

모래놀이 소녀

1. 얼굴과 귀를 그려요.
2. 표정을 그려요. 
3. 머리와 리본을 그려요. 
4. 카라를 그려요. 
5. 윗도리와 양동이를 든 오른팔과 손을 그려요. 
6. 윗도리 밑단을 그려요. 
7. 삽을 들고 있는 왼팔과 손을 그려요. 
8. 바지를 그려요. 
9. 다리와 신발을 그리고 색칠해요.

PLUS ILLUST

4 STEP

썬글라스를 쓴 소녀

① 얼굴과 귀를 그려요.

② 깜찍한 표정의 눈코입을 그려요.

③ 썬글라스를 그려요.

④ 머리 윗부분을 그려요.

⑤ 카라와 윗도리를 그려요.

⑥ 허리에 손을 얹은 오른팔과 손을 그려요.

⑦ 윗도리 밑단과 엄지를 치켜든 왼팔과 손을 그려요.

⑧ 치마를 그려요.

⑨ 다리와 신발을 그려요.

⑩ 리본과 머리 아랫부분을 그리고 색칠해요.

라벨은 다이어리를 꾸밀 때 외에도 병에 붙이거나 네임택으로 활용할 수 있어요.

리본이 접힌 모습을 상상하며 그려보세요

꽃장식을 더하면 더 화사해져요!

STEP 1

도토리

은행잎

감

책갈피

책갈피를 마음껏 꾸며보세요~

대추

버섯

버섯의 무늬를 다양하게 그려보세요

밤

책

좋아하는 책 제목을 써볼까요?

단풍잎

중심선은 가는 선으로 그려요

송편

코스모스

 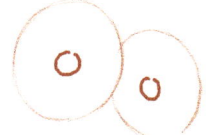  

① 연필로 보조선을 그려요.　② 중심에 작은 원을 그려요.　③ 작은 원을 중심으로 꽃잎을 그려요.　④ 보조선을 지우고 색칠해요.

버섯 바구니

① 바구니를 그려요.　② 그 위에 다양한 버섯을 그려요.　③ 바구니 손잡이를 그려요.　④ 바구니와 버섯에 무늬를 넣고 색칠해요.

블루베리

① 다섯 알 정도의 원을 그려요.　② 군데군데 블루베리 꼭지를 그려요.　③ 잎을 그려요.　④ 잎맥을 그리고 색칠해요.

보리

① 물방울 모양의 알들을 양쪽으로 그려요. 맨 위쪽은 한 개의 알만 그려요.　② 줄기를 그려요.　③ 기다린 잎과 잎맥을 그려요.　④ 보리 수염을 그리고 색칠해요.

3 STEP

낙엽 청소하는 고양이

① 얼굴 형태를 그려요.

② 귀를 그려요.

③ 청소를 하기 싫은 우울한 표정을 그려요.

④ 얼굴 옆으로 빗자루 막대기를 그려요.

⑤ 어깨를 그려요.

⑥ 빗자루 막대기를 잡고 있는 팔과 손을 그려요.

⑦ 카라와 리본을 그려요.

⑧ 빗자루 술과 바지를 그려요.

⑨ 다리를 그려요.

⑩ 꼬리와 수염, 떨어지는 낙엽을 그리고 색칠해요.

PLUS ILLUST

감성이 촉촉해지는 가을이 왔어요!

공원 주변에 떨어진 자연물을
보고 그리는 건 어때요?

동물을 그릴 땐
사진을 참고해서
그리면 도움이 많이 되요~

가을은
편지의 계절!!

단풍잎 끝부분으로 갈 수록 힘을 빼고 살살 칠한 후 다음 색으로 겹쳐서 칠해주면 자연스럽게 색이 연결되요.

곱게 물든 단풍
참 예쁘죠?

버섯 여러가지 무늬의 알록달록한 버섯들로 다이어리를 장식해보세요.

3 STEP

단풍놀이 강아지

① 얼굴 선을 그려요.

② 위쪽을 바라보는 눈코입을 그려요.

③ 앞머리를 그려요.

④ 귀를 그려요.

⑤ 만세! 하는 팔과 손을 그려요.

⑥ 치마를 그려요.

⑦ 카라와 리본, 단추를 그려요.

⑧ 다리를 그려요.

⑨ 치마의 장식과 꼬리를 그려요.

⑩ 수염과 떨어지는 낙엽을 그리고 색칠해요.

PLUS ILLUST

선선하고 기분 좋은 날씨예요. 캠핑을 떠나요~.

마시멜로우도 꼬치구이도 모두 노릇하게 색칠해요~

캠핑에서 빠질 수 없는 스모어!

인디언 텐트는 어때요?

| 랜턴 | 랜턴의 유리를 투명하게 색칠해보세요. |

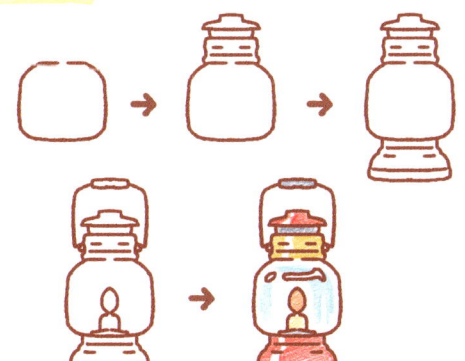

| 다람쥐 | 다람쥐의 무늬는 사진을 참고하면 좋아요. |

털을 부드럽게 표현해보세요.

4 STEP

기타 치는 소녀

① 얼굴과 귀를 그려요.

② 눈코입을 그려요.

③ 머리와 리본을 그려요.

④ 카라와 어깨를 그리고 기타 치는 모습을 상상하며 팔과 손을 그려요.

⑤ 기타의 중심부분과 기타를 잡은 오른팔과 손을 그려요.

⑥ 기타의 몸통을 그리고 윗도리 밑단을 그려요.

⑦ 기타의 디테일을 그려요.

⑧ 바지를 그려요.

⑨ 다리와 양말, 신발을 그려요.

⑩ 모닥불과 음표를 그리고 색칠해요.

PLUS ILLUST

4 STEP

편지 받은 소녀

① 얼굴과 귀를 그려요.

② 아래쪽을 바라보는 눈코입을 그려요.

③ 머리 윗부분과 리본을 그려요.

④ 카라와 어깨를 그려요.

⑤ 편지봉투와 편지봉투를 든 손을 그려요.

⑥ 윗도리와 양팔을 그려요.

⑦ 윗도리를 마무리해서 그려요.

⑧ 앉아 있는 모습을 생각하며 치마를 그려요.

⑨ 엉덩이와 다리, 양말, 신발을 그리고 앉아 있는 곳을 그려요.

⑩ 떨어지는 낙엽과 흩날리는 머리 아랫부분을 그리고 색칠해요.

PLUS ILLUST

중요한 약속은 작은 메모장을 그려서 적어보면 어떨까요?

1 STEP

부엉이

① 그림처럼 부엉이의 테두리를 그려요.
② 발톱과 나뭇가지, 꼬리를 그려요.
③ 얼굴을 그려요.
④ 깃털을 그리고 색칠해요.

귀신의 집

① 중심이 되는 집을 그려요.
② 왼쪽에 집을 그려요.
③ 오른쪽에 집을 그리고 언덕을 그려요.
④ 달, 박쥐, 까마귀를 그리고 색칠해요.

허수아비

① 모자를 쓴 호박 얼굴을 그려요.
② 윗도리와 나뭇가지 팔을 그려요.
③ 아래쪽 옷을 그려요.
④ 나뭇가지 다리를 그리고 색칠해요.

마법의 물약

① 병을 그려요.
② 코르크 마개를 그려요.
③ 해골을 그려요.
④ 뼈다귀를 그리고 색칠해요.

유령이 무서운 고양이

① 얼굴 형태를 그려요.

② 귀를 그려요.

③ 눈코입을 그려요.

④ 모자를 그려요.

⑤ 마주잡고 있는 손과 소매를 그려요.

⑥ 카라를 그려요.

⑦ 양팔을 그려요.

⑧ 바지를 그려요.

⑨ 꼬리와 다리를 그려요.

⑩ 수염과 유령을 그리고 떨림 효과를 준 다음 색칠해요.

PLUS ILLUST

Trick or treat! 장난기 가득한 할로윈 괴물들과 사탕을 그려보세요!

어질어질한 줄무늬로 할로윈 사탕을 그려요!

괴물은 그림이 녹게 표현 했어요~

크리에잉

눈알 칵테일 한 잔 어때요?

머리 뿔이 귀여운 유령이에요~

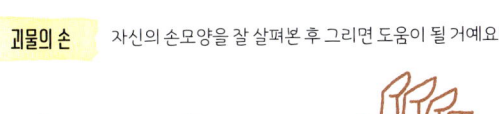

| 괴물의 손 | 자신의 손모양을 잘 살펴본 후 그리면 도움이 될 거예요! |

| 할로윈 호박 | 우스꽝스러운 호박을 그려보세요. |

빗자루 타는 강아지

❶ 얼굴과 앞머리를 그려요.

❷ 귀를 그려요.

❸ 눈코입을 그려요.

❹ 모자를 그려요.

❺ 리본을 그려요.

❻ 망토를 그려요.

❼ 양팔을 그려요.

❽ 치마와 다리, 꼬리를 그려요.

❾ 꼬리와 빗자루를 그리고 색칠해요.

PLUS ILLUST

해피 할로윈~! 신비로운 마법 도구에는 어떤 것이 있을까요?

영롱한 수정구슬

새의 깃털

Happy Halloween

반짝반짝 자수정

독버섯!

마법 주문서

까마귀 — 심술궂은 까마귀를 그려보세요.

마녀 모자 — 내가 마녀라면 어떤 모자를 쓰고 싶은가요?

4 STEP

마법 지팡이를 든 소녀

❶ 얼굴과 귀를 그려요.

❷ 눈코입을 그려요.

❸ 머리를 그려요.

❹ 모자를 그려요.

❺ 카라를 그려요.

❻ 지팡이를 든 팔과 손을 그려요.

❼ 허리를 짚고 있는 팔과 손을 그려요.

❽ 몸통과 바지를 그려요.

❾ 단추를 그리고 다리와 신발을 그려요.

❿ 별가루와 효과를 그리고 색칠해요.

4 STEP

빗자루 타는 소녀

① 얼굴과 귀를 그려요.

② 눈코입을 그려요.

③ 앞머리와 모자 밑둘레를 그려요.

④ 모자를 마무리해서 그려요.

⑤ 리본과 망토, 빗자루를 잡고 있는 오른팔과 손을 그려요.

⑥ 왼팔과 손을 그려요.

⑦ 손으로 잡고 있는 빗자루 막대와 머리 아랫부분을 그려요.

⑧ 빗자루를 완성하고 치마를 그려요.

⑨ 다리와 신발, 별들을 그리고 색칠해요.

PLUS ILLUST

상황에 맞는 말풍선을 그려서 사용해보세요.

1 STEP

볼링

텐트

요리 도구

천체망원경

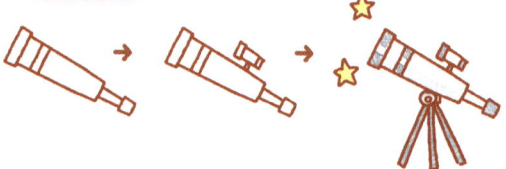

헤드폰

주위에 음표를 그려보세요~

어항

키우고 싶은 물고기를 그려보세요!

당구공

다트

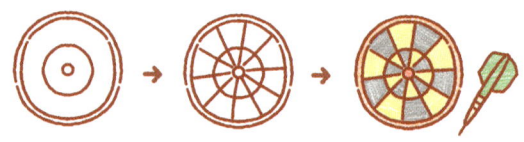

화분과 호미

낚싯대

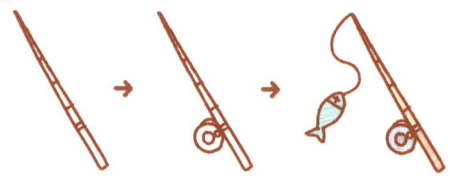

3 STEP

도자기 빚는 고양이

① 얼굴 형태를 그려요.

② 귀를 그려요.

③ 눈코입을 그려요.

④ 양손과 도자기를 그려요.

⑤ 윗도리와 양팔을 그려요.

⑥ 물레를 그려요.

⑦ 앞치마와 바지, 다리를 그려요.

⑧ 의자를 그려요.

⑨ 수염과 꼬리를 그리고 색칠해요.

PLUS ILLUST

취미는 그림그리기! 어떤 물감으로 그려볼까요?

물감이 튄 모양을 표현해보세요!

스프레이로 뿌리면 어떤 느낌이 될까요?

화구통
화구통의 정교한 디테일을 살려 그려보세요.

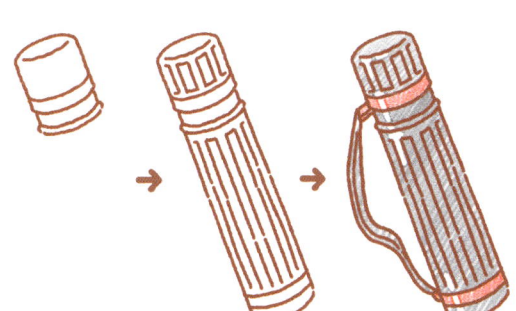

페인트 통과 붓
흘러내리는 물감의 질감을 표현해보세요.

3 STEP

뜨개질 하는 강아지

① 얼굴과 앞머리를 그려요.

② 눈코입을 그려요.

③ 리본을 그려요.

④ 뜨개바늘과 뜨개바늘을 잡고 있는 양손을 그려요.

⑤ 윗도리 부분과 양팔을 그려요.

⑥ 귀를 그려요.

⑦ 뜨개질 중인 목도리를 그려요.

⑧ 치마와 다리, 꼬리를 그려요.

⑨ 수염과 털실을 그리고 색칠해요.

PLUS ILLUST

수예용품은 아기자기해요~ 어떤 수예용품을 갖고 있나요?

방향을 달리한 선들로 털실 뭉치를 표현해요~

어떤 자수를 놓고 싶은지 그려보세요~

핀을 잔뜩 꽂은 핀쿠션이에요~

단추 귀여운 단추로 다이어리 한켠을 장식해보세요.

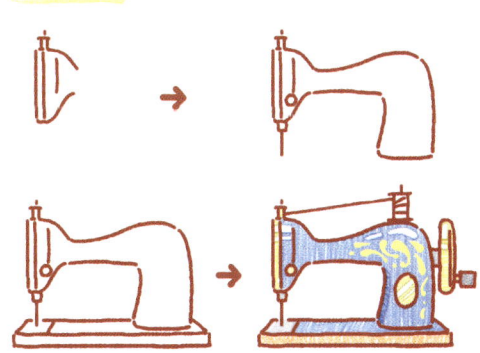

재봉틀 빈티지한 느낌을 살려 그려보세요.

4 STEP

그림 그리는 소녀

① 얼굴과 귀를 그려요.

② 깜찍한 표정을 살려 눈코입을 그려요.

③ 머리와 리본을 그려요.

④ 카라를 그려요.

⑤ 윗도리를 그려요.

⑥ 팔레트와 팔레트를 든 팔과 손을 그려요.

⑦ 붓과 붓을 들고 있는 팔과 손을 그려요.

⑧ 앞치마를 그려요.

⑨ 바지와 신발을 그리고 색칠해요.

PLUS ILLUST

4 STEP

바느질하는 소녀

① 얼굴과 귀를 그려요.

② 눈코입을 그려요.

③ 앞머리를 그려요.

④ 카라를 그려요.

⑤ 바느질하는 양손과 바늘, 원단을 그려요.

⑥ 몸통을 그려요.

⑦ 윗도리와 양팔을 그려요.

⑧ 다리와 신발을 그려요.

⑨ 머리 아랫부분과 리본, 치마를 그려요.

⑩ 실을 그리고 색칠해요.

PLUS ILLUST

레이스는 복잡하고 어려워 보이지만 반복 패턴을 생각하며 그리면 더욱 쉬워요.

12월

SUN	MON	TUE
12월에는 모두가 기다리는 크리스마스가 있어요! 알록달록 크리스마스 장식으로 다이어리를 예쁘게 꾸며보세요. 그리고 감사했던 한 해를 마무리 해보세요.		
	MERRY CHRISTMAS	
		산타 할아버지~ 내년에는 착한일 많이 할게요~ Ho Ho Ho
		한 해가 저물어 간다…

1 STEP

열매장식

진저맨쿠키
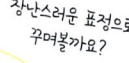
장난스러운 표정으로 꾸며볼까요?

지팡이캔디

장갑

모자

별

종

귀마개

눈결정

반복적인 선으로 눈결정을 그려보세요!

눈사람

포인세티아

① 연필로 보조선을 그려요.
② 중심을 맞춰 꽃을 그려요.
③ 꽃을 한 송이 더 그려요.
④ 보조선을 지우고 잎을 그린 뒤 색칠해요.

스노 글로브

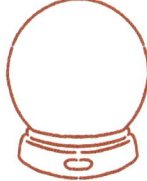   

① 유리 구와 받침을 그려요.
② 안에 눈이 쌓인 집을 그려요.
③ 나무를 그려요.
④ 눈을 그리고 색칠해요.

초 장식

① 원통모양의 초 두 개를 그려요.
② 원을 세 개 그려요.
③ 잎과 열매를 그려요.
④ 초의 무늬와 촛불을 그리고 색칠해요.

천사

① 얼굴을 그려요.
② 두 손을 모으고 있는 모습을 그려요.
③ 날개를 그려요.
④ 발과 머리 위의 띠를 그리고 색칠해요.

3 STEP

선물상자 안의 고양이

① 얼굴 형태를 그려요.

② 귀를 그려요.

③ 눈코입을 그려요.

④ 모자를 그려요.

⑤ 카라를 그려요.

⑥ 멜빵을 그려요.

⑦ 만세 하는 두 팔과 꼬리를 그려요.

⑧ 상자와 리본 장식을 그려요.

⑨ 수염과 종이 폭죽을 그리고 색칠해요.

PLUS ILLUST

빨강색과 초록색을 많이 활용해서 즐거운 성탄 장식을 그려보세요.

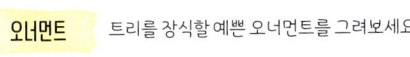

| 오너먼트 | 트리를 장식할 예쁜 오너먼트를 그려보세요. | 부쉬 드 노엘 | 나무 모양의 크리스마스 케이크를 그려보세요. |

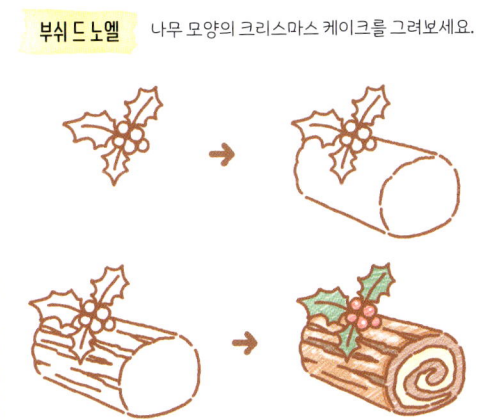

3 STEP

양말 속 강아지

① 얼굴과 앞머리를 그려요.

② 귀를 그려요.

③ 눈코입을 그려요.

④ 모자를 그려요.

⑤ 카라를 그려요.

⑥ 두 팔을 그려요.

⑦ 양말의 윗부분을 그려요.

⑧ 양말의 밑부분을 그려요.

⑨ 수염과 매달린 끈을 그리고 색칠해요.

PLUS ILLUST

크리스마스 트리를 그려볼까요? 좋아하는 오너먼트로 트리를 꾸며보세요.

크리스마스 양말	어떤 모양의 양말을 걸어 놓아야 선물을 받을 수 있을까요?

호두까기 인형	크리스마스날 한켠에 장식해두세요!

지팡이캔디를 든 소녀

① 얼굴과 귀를 그려요.

② 눈코입을 그려요.

③ 앞머리를 그려요.

④ 모자와 뒷머리를 그려요.

⑤ 카라와 지팡이캔디,
지팡이캔디를 든
팔과 손을 그려요.

⑥ 멜빵바지를 그려요.

⑦ 왼팔과 손을 그려요.

⑧ 왼쪽 바지와
왼 다리,
신발을 그려요.

⑨ 오른 다리와 신발을
그리고 색칠해요.

PLUS ILLUST

 **STEP**

캐롤을 부르는 소녀

① 얼굴과 귀를 그려요.

② 눈코입을 그려요.

③ 앞머리를 그려요.

④ 모자를 그려요.

⑤ 양손을 그려요.

⑥ 악보를 그려요.

⑦ 카라와 양팔을 그려요.

⑧ 치마를 그려요.

⑨ 다리와 신발을 그려요.

⑩ 머리 아랫부분을 그리고 색칠해요.

다양한 여행 아이콘을 그려보세요.

발행일 2020년 12월 31일

지은이 | 나루진
펴낸이 | 장재열
펴낸곳 | 단한권의책
출판등록 | 제25100-2017-000072호(2012년 9월 14일)
주소 | 서울시 은평구 서오릉로 20길 10-6
전화 | 010-2543-5342
팩스 | 070-4850-8021
이메일 | jjy5342@naver.com
블로그 | http://blog.naver.com/only1book
ISBN 978-89-98697-89-1 13650

값 13,000원